BEI GRIN MACHT SICH IHR WISSEN BEZAHLT

AF151071

- Wir veröffentlichen Ihre Hausarbeit, Bachelor- und Masterarbeit

- Ihr eigenes eBook und Buch - weltweit in allen wichtigen Shops

- Verdienen Sie an jedem Verkauf

Jetzt bei www.GRIN.com hochladen und kostenlos publizieren

Dominik Kirchdorfer

Rezension zu David Harveys "Der Neue Imperialismus"

GRIN Verlag

Bibliografische Information der Deutschen Nationalbibliothek:

Die Deutsche Bibliothek verzeichnet diese Publikation in der Deutschen National-
bibliografie; detaillierte bibliografische Daten sind im Internet über http://dnb.d-
nb.de/ abrufbar.

Dieses Werk sowie alle darin enthaltenen einzelnen Beiträge und Abbildungen
sind urheberrechtlich geschützt. Jede Verwertung, die nicht ausdrücklich vom
Urheberrechtsschutz zugelassen ist, bedarf der vorherigen Zustimmung des Verla-
ges. Das gilt insbesondere für Vervielfältigungen, Bearbeitungen, Übersetzungen,
Mikroverfilmungen, Auswertungen durch Datenbanken und für die Einspeicherung
und Verarbeitung in elektronische Systeme. Alle Rechte, auch die des auszugsweisen
Nachdrucks, der fotomechanischen Wiedergabe (einschließlich Mikrokopie) sowie
der Auswertung durch Datenbanken oder ähnliche Einrichtungen, vorbehalten.

Impressum:

Copyright © 2012 GRIN Verlag GmbH
Druck und Bindung: Books on Demand GmbH, Norderstedt Germany
ISBN: 978-3-656-30832-4

Dieses Buch bei GRIN:

http://www.grin.com/de/e-book/203783/rezension-zu-david-harveys-der-neue-
imperialismus

GRIN - Your knowledge has value

Der GRIN Verlag publiziert seit 1998 wissenschaftliche Arbeiten von Studenten, Hochschullehrern und anderen Akademikern als eBook und gedrucktes Buch. Die Verlagswebsite www.grin.com ist die ideale Plattform zur Veröffentlichung von Hausarbeiten, Abschlussarbeiten, wissenschaftlichen Aufsätzen, Dissertationen und Fachbüchern.

Besuchen Sie uns im Internet:

http://www.grin.com/

http://www.facebook.com/grincom

http://www.twitter.com/grin_com

Universität Wien

Institut für Politikwissenschaft

Rezension zu David Harveys

Der Neue Imperialismus

eingereicht von:

Dominik Felix Kirchdorfer

LK BA 8: Internationale Politik

Sommersemester 2012

Wien, am 30.08.2012

Das Buch "Der Neue Imperialismus", im englischen Original "The New Imperialism", wurde von Professor David Harvery geschrieben und erschien ursprünglich im Jahr 2003 im Oxford Press Verlag. Bevor ich näher auf den Inhalt eingehe, möchte ich noch ein paar theoretische Voraussetzungen bzw. Vorannahmen präsentieren. Zuallererst wäre zu sagen, dass Harvey Marxist ist und dementsprechend kritisch gegenüber dem Kapitalismus steht. Weiters vertritt er die Annahme, dass es sich bei der Expansion des Kapitalismus auf den globalen Level um eine neue Form von Imperialismus handelt, die von den USA fleißig vorangetrieben wird, z.b. durch geografische Umschuldung. Auf dieser Denkweise basiert und baut dieses Buch auch auf. Stilistisch ist das Buch zunächst wie ein Abriss aus der Geschichte der USA aufgebaut, welcher dann in einen philosophischen Monolog übergeht.

Harvey beginnt das Buch mit einer ausführlichen Einleitung zum Irakkrieg, was dahinter stecke und was eigentlich die Absichten der USA seien. Es ist eine gute Analyse der Geschehenisse und Einleitung in den Gegenstand, ist aber für den weiteren theoretischen Verlauf des Buches im weiten Sinne nicht besonders wichtig, weshalb ich diesen Teil nicht ausführlich bearbeiten werde; er ist allerdings interessant zu lesen.

Das zweite Kapitel beschäftigt sich zuallererst mit ein paar grundlegenden Definitionen. Harvey spricht über die verschiedenen Arten von Imperialismus und definiert für das Buch einen speziellen ">>kapitalistischen Imperialismus<<... als widersprüchliche Verschmelzung von der >>Politik von Staaten und Imperialen<<". (Harvey 2005, S.33) Die staatliche Macht konzentriert sich darauf, seine eigenen Interessen auf globaler Ebene zu sichern, während die kapitalistische Macht um Kapitalakkumulation besorgt ist, wobei diese nicht unbedingt an einen einzigen Ort gekoppelt ist, sondern durch Staaten, Institutionen und andere regionale Machtblöcke hindurchmigriert. Er trifft allerdings eine ganz wichtige Unterscheidung zwischen den beiden imperialen Mächten. Der Kapitalist ist niemandem als sich selbst Rechenschaft schuldig und kann wo und wann auch immer seine Akkumulation vorantreiben. Der Politiker hingegen, ist an sein Amt (somit auch sein Land), seine Amtszeit und in gewissen Maßen auch an den Willen des Volkes gebunden, bzw. Ihnen zumindest Rechenschaft schuldig. Hinzu kommt, dass im Staate viele verschiedene Meinungen und Interessen aufeinander prallen und trotz alledem müssen und werden auch schwerwiegende Entscheidungen getroffen, die auch offen diskutiert werden. (vgl. Harvey 2005, S.33f) Finanzmärkte sind jedoch viel diffuser und können nicht leicht kontrolliert werden, selbst wenn Staaten versuchen zu intervenieren.Sie setzen sich aus allen Menschen zusammen. Aus deren Bedürfnissen, Ängsten, Hoffnungen, Träumen, allem was sie tun heraus, wird von ihnen die

Weltwirtschaft verändert. Ein momentaner Gesamtüberblick und ein gewisser Zukunftstrend kann zwar errungen werden, aber im Endeffekt ist die Wirtschaft so launisch, wie die Menschen, die sie geschaffen und am Leben erhalten haben. Deswegen ist es auch wichtig, beide Arten von Macht von einander zu unterscheiden und gleichzeitig anzuerkennen, dass sie miteinander verwoben sind. (vgl. Harvey 2005, S.35f) "Die Schwierigkeit bei konkreten Analysen tatsächlicher Situationen ist, gleichzeitig auf beiden Seiten dieser Dialektik anzusetzen und weder in eine ausschließlich politische noch in eine überwiegend wirtschaftliche Argumentationsweise zu verfallen." (Harvey 2005, S.37)

Für mich persönlich ist das ein sehr wichtiger Punkt. Zu oft muss ich mitansehen, wie verschiedene wissenschaftliche Disziplinen sich gegenseitig bekriegen, anstatt zusammen an Probleme heranzu-treten, ob das nun eine Meinungsverschiedenheit zwischen Politologen und Soziologen ist oder Politologen und Wirtschaftswissenschaftlern, ist völlig gleich. Tatsache ist, dass die Wissenschaft nicht nur dazu da ist reale Gegebenheiten zu vereinfachen, um sie dann in eine schöne Theorie zu pressen, es ist mindestens genau so wichtig, zu versuchen. Lösungsansätze aufzustellen. Transdisziplinarität ist die Antwort. Warum sollten wir uns gegenüber Andersedenkenden verschließen? Sind wir Wissenschaftler wirklich so arrogant und gar kindisch, dass wir unbedingt beweisen müssen, dass nur wir Recht haben können?

Die kapitalistische Logik zielt darauf ab, Ungleichheiten in Raum und Zeit auszunutzen, um den eigenen Wohlstand auf Kosten anderer zu verbessern. Die Aufgabe des Staates in diesem globalen Spiel, ist es diejenigen Asymmetrien zu erhalten und zu verstärken, welche ihm am ehesten nutzen. (vgl. Harvey 2005, S.38)
Harvey ist sich bewusst, dass es innerhalb von Staaten auch regionale Assymetrien gibt, konzentriert sich aber lieber auf die zwischenstaatlichen Beziehungen. (vgl. Harvey 2005, S.39)

Während ich verstehe, dass es eines Fokus bedarf, um überhaupt Forschungen zu tätigen, finde ich gerade dieses Versäumnis sehr schade. Viele Städte, wie New York, London, Shanghai, Hong Kong etc. bündeln sehr viel Macht und sehr viele Ressourcen in sich und haben somit auch großen Einfluss auf Staaten und die Weltwirtschaft. Erst vor ein paar Tagen gab es einen kurzzeitigen Backbone-Serverausfall in London und viele Internetservices in ganz Europa waren für einen ganzen Tag unerreichbar. Ich wage mich nicht vorzustellen, was passieren würde, wenn London eines Tages plötzlich lahm gelegt werden würde. Allerdings greift er die regionalen Einflüsse in Kapitel 3 kurz auf.

Ich bin geneigt, Harvey und auch Arendt zuzustimmen, wenn sie davon ausgehen, dass Imperialismus und Kapitalismus miteinander einhergehen. (vgl. Harvey 2005, S.40f) Es braucht meiner Meinung nach in dieser Sache keiner gewaltigen emprischen Nachforschungen; es ist simple Logik. Der Kapitalismus basiert auf Egoismus und Akkumulation. Je mehr akkumuliert wird, umso größer wird die Gier und folglich muss die Akkumulation immer stärker zunehmen und der Kapitalismus sich weiter ausbreiten. Es müsste in Folge der kompletten Globalisierung und Verkapitalisierung aber zu einem Ende der Akkumulation kommen, da nur begrenzt viele Ressourcen auf der Welt vorhanden sind. Das wäre allerdings das Ende des Kapitalismus und so kommt es, dass aus einer Realwirtschaft, eine Finanzwirtschaft geworden ist.

Es ist umstritten, ob der Kapitalismus von Staaten wie den USA aus Eigeninteresse vorangetrieben wird oder ob der Kapitalismus dafür verantwortlich ist, dass die USA zur Weltmacht herangewachsen sind. Harvey geht allerdings von Ersterem aus und vertritt auch die Annahme, dass sie Gefahr laufen sich dabei zu übernehmen. (vgl. Harvey 2005, S.41) Wie man es auch betrachten will, so hat Harvey sehr wohl recht mit seiner Überzeugung, dass die USA nicht darum bemüht sind, andere Staaten auszuschalten. Sie wollen im Namen des "allgemeinen Interesses" so handeln, wie es ihnen beliebt, um ihre hegemoniale Macht zu erhalten und zu vergrößern. (vgl. Harvey 2005, S.45f) Diese Macht besteht aus einer instabilen Mischung von Mitteln wie Zwängen, Nachahmung und Führungskraft und basiert im Kapitalismus auf den materiellen Gegebenheiten von Geld, Produktionskapazitäten und militärischer Macht. (vgl. Harvey 2005, S.47)

Nachdem ich persönlich der Meinung bin, dass der Kapitalismus ein von Nationalstaaten unabhängiges Monstrum (wenn ich das so polemisch ausdrücken darf) ist, welches aber mit Zuhilfe von Nationalstaaten wächst und sich ausbreitet, bin ich von dem Unterkapitel der neoliberalen Hegemonie besonders angetan. Denn hier gibt Harvey selbst zu, dass die USA zwar aus Eigeninteresse dem Kapitalismus den Weg bereitet haben, dieser sich dann aber global verfestigt hat und im Grunde alle Nationalstaaten unterjocht hat. Spekulative Aktivitäten standen von nun an im Mittelpunkt und Standortmobilität wurde erleichtert. Dieser Wandel brachte zwar den USA ihren erhofften Gewinn, zerstörte aber gleichzeitig einen Großteil ihrer eigenen Industrie und machte sie abhängig von ausländischen Importen. (vgl. Harvey 2005, S.68f)

Ein weiterer, mir sehr wichtiger Punkt, ist seine Aussage, dass die EU viel zu zerstritten ist, um eine gemeinsame Außen- und Militärpolitik zu führen und in proamerikanische und individualistische Staaten geteilt ist. (vgl. Harvey 2005, S.85) Man sieht es heute besser denn je, denn es geht nicht nur um Außenpolitik. Auch intern sieht man starke Uneinigkeit. Man sieht es bei der Energiepolitik (Atomausstieg), bei der Asylpolitik, Bildungspolitik etc. und vor allem bei der Wirtschaftspolitik (wo doch die EU eine Wirtschafts- und Währungsunion sein soll). Ich gebe Harvey auch Recht mit seiner Einteilung der Staaten. Österreich z.b. hält stärker an seiner Sozialpolitik fest, während ehemalige kommunitiche Staaten, wie Polen, die USA als Vorbild ansehen und den sich ausbreitenden Kapitalismus begrüßen. Jeder Staat ist etwas anders und verfolgt auch etwas andere Interessen, aber grob gesehen, lässt sich Europa in proamerikanischen und unabhängigen Staaten einteilen.

In Kapitel 3 präsentiert Harvey seine Haupttheorie, die Theorie der "Räumlichen Fixierung". Dabei geht er davon aus, dass über die Zeit hinweg immer wieder in einzelnen Regionen Fälle von Überakkumulation auftreten. D.h. es gibt zu viel Kapital in Form von Geld, Waren, Produktionsmöglichkeiten und Arbeitskraft (wobei Harvey explizit Arbeitskraft von Kapital unterscheidet und dem Kapital die gesamte Schuld zukommen lässt) und keine Möglichkeit all das zu verwenden. Um die Abwertung des bestehenden Kapitals zu verhindern, muss es irgendwie eingesetzt werden, z.b. durch geographische Ausdehnung. Das kann sich wiederum positiv auf die Vermeidung weiterer Krisensituationen auswirken, wenn diese Projekte langfristiger Natur sind, z.B. Bildung oder Ausbau der Infrastruktur. (vgl. Harvey 2005, S.90f)

Die Amerikaner benutzen eine Menge an Kapital für ihre Rüstungsindustrie und Forschungen im Militärbereich. Das tun sie nicht nur, um das fortschrittlichste Militär zu haben. Seit der Entwicklung der Atomwaffe ist die Bedeutung von anderweitigen militärischen Entwicklungen stark zurückgegangen. Gleichzeitig werden viele Kriege momentan im Internet ausgefochten. Denn heutzutage sind die meisten Länder so automatisiert (und diese Mechanismen komplett ungesichert), dass eine kleine Gruppe von Hackern in der Lage wäre eine gesamte Nation innerhalb von wenigen Minuten zu Fall zu bringen.
Die Chinesen hingegen bauen einen Überschuss an Städten, in denen nicht einmal Menschen wohnen, die aber dafür sorgen, dass ihr Kapital gesichert ist. Hingegen in Ländern, die von der Krise weitgehend unbetroffen geblieben sind, wie z.B. Österreich, gibt es kaum ausgefallene Projekte und relativen Stillstand in der Forschung.

Die zweite Theorie, die Harvey in diesem Kapitel vorstellt, ist seine Theorie der Raumökonomie. Handel führt zwangsläufig zu räumlichen Verschiebungen. Kapitalisten suchen immer einen Vorteil gegenüber der Konkurrenz. So versuchen sie neue Technologie zu bekommen, neue Transportmittel zu erfinden und bessere Bedingungen für ihre Produktion zu finden (z.B. in anderen Ländern, mit besseren Ressourcen oder geringeren Kosten). Nachdem aber Kapitalisten individuell ihre Vorteile suchen, ist das Entstehen von geographischer Ungleichheit unausweichlich. Standorte bringen monopolistische Macht mit sich. Monopole sind für Kapitalisten begehrenswert, da sie Sicherheit und Beständigkeit mit sich bringen. Je stärker die Konkurrenz, umso schneller kommt es zu einer Herausbildung von Monopolen. Das führt oft zu einer Entwicklungsstagnation und die Monopolmächte rücken zusammen. Gerade diese sind auch oft für imperialistische Tendenzen. (vgl. Harvey 2005, S.95ff)

Dieser letzte Teil ist mir persönlich sehr wichtig. Mächtige Firmen wollen noch viel mächtiger werden und alles in ihren Besitz bringen und üben oft Druck auf (vor allem kapitalistisch orientierte) Regierungen, wie z.B. die USA aus. So haben mehrere Firmen, wie Adidas, die USA dazu gebracht, über SOPA abzustimmen, da sie sich einen Profit aus der Kapitalisierung des Internets und der strengen Kontrolle von Raubkopien erhofft haben. Das gleiche gilt im Endeffekt auch für Europas ACTA. Gleichzeitig ist ein starker Monopoltrend in der Weltwirtschaft zu sehen. Nehmen wir beispielsweise die Lebensmittelindustrie. Auf der unten stehenden Abbildung sind nur ein paar der vielen Firmen zu sehen, die in Wirklichkeit alle nur ganz wenigen Giganten gehören. Dabei sind das alles bekannte Marken.

Abb. 1: Firmen in der Lebensmittelindustrie und ihre Zugehörigkeit

Harvey geht mit seinen Überlegungen auch einen Schritt in meine Richtung und spricht von den immer geringeren Transportkosten und der Aufhebung von Barrieren durch die WTO. Als Ersatz für Standortmonopole werden nun Technologievorsprünge verkapitalisiert, mit Hilfe des Rechts. Patente, Lizenzen etc. sind heutzutage gang und gäbe; auch Abkommen wie das TRIPS. (vgl. Harvey 2005, S.99) Während vor einem Jahrzehnt noch Computer mit allen möglichen Technologien kostenfrei versorgt wurden, müssen heutzutage Lizenzen für fast alle Hilfsmittel erworben werden, ob das nun das Betriebssystem ist, der Blu-Ray Player oder die Verwendung eines Programmteils, der im Umlauf und nicht mehr weg zu denken ist.

Der Kapitalismus führt zu einer Verengung von Raum und Zeit, eben durch diese neuen Entwicklungen und die Globalisierung geht damit einher. Dies hat auch zur Folge, dass politische Spielräume sich zwangsweise ändern müssen, um zu überleben, so sei z.b. die EU entstanden. (vgl. Harvey 2005, S.100f) Während Technologiesprünge zwar viele räumliche und zeitliche Strukturen radikal verändern, bleiben doch räumliche Faktoren, so genannte "fixierte Kapitale" bestehen. Denn es braucht Flughäfen, Eisenbahnstrecken, Funkmäste etc. um diese Technologien zu nutzen. Der Ausbau solcher Infrastrukturen kann auch einzelnen Kapitalisten zum Vorteil werden, z.b. Immobilienmaklern. Während also eine dynamische Entwicklung seitens der Technologie erfolgt, bleibt die geographische Situation relativ starr. Dieser Aufprall verschiedener Kräfte führt letztendlich dazu, dass der kapitalistische Markt durch und durch instabil wird. (vgl. Harvey 2005, S.101f)

Gleichzeitig bilden sich im Kapitalismus auch für bestimmte Zeit stabile Regionen, die miteinander konkurrieren. Diese bilden die Grundlage des Kapitalismus. Regionen können allerdings auch ganze Staaten politisch beeinflussen und verändern. Staaten wiederum können ihre Regionen kontrollieren und in bestimmte Richtungen lenken, z.b. durch Ausbau von Infrastruktur. (vgl. Harvey 2005, S.103fff) Geopolitische Konflikte entstehen unweigerlich durch Akkumulation und führen zur Anwendung imperialisitischer Praktiken. Die Überakkumulation muss irgendwie reguliert werden, weshalb überschüssiges Kapital entweder verbaut oder räumlich verschoben werden muss. (vgl. Harvey 2005, S.108fff) Harvey geht hier noch genauer ins Detail der Abläufe; dies würde jedoch den Rahmen dieser Rezension sprengen.

In Kapitel 4 geht Harvey noch auf Marx' Theorie der Akkumulation durch Enteignung und der urprünglichen Akkumulation ein, um zu erklären, dass nicht kapitalistische Gebiete, die zur Teilnahme am globalen Wettbewerb gezwungen werden, frische Möglichkeiten zur Entlastung für überakkumuliertes Kapital bietet.

Doch am Ende angelangt, stellt sich mir eine letzte unbeantwortete Frage, die gerade jetzt sehr viele beschäftigt: Wenn die ganze Welt verkapitalisiert ist und wir nicht mehr in der Lage sind, unsere Probleme zwischeneinander herzuschieben, wenn die Zinseszinsen der Staatsschulden bereits so hoch sind, dass niemand mehr daran glaubt, sie je irgendwann wieder zurückzahlen zu können und einzelne Staaten plötzlich nicht mehr in der Lage sind, sich selbst aufrechtzuerhalten, was passiert dann?

Ich habe dieses Buch sehr genossen. Die Schlussfolgerungen sind einleuchtend, der Stil führt zu leichter Lesbarkeit und ich konnte keinen Punkt entdecken, an dem ich Harvey zurechtweisen müsste. Sein Hauptargument ist, dass Überakkumulation zu Krisen führt und das Kapital exportiert werden muss, um sich selbst zu schützen. Imperiale Methoden werden angewandt, um diesen Export zu ermöglichen. Dies ist der Grund, weshalb der Kapitalismus noch existiert. Ich kann dieses Buch jedem und jeder Interessierten an der Globalisierung und am Kapitalismus ans Herz legen.

Quellenverzeichnis:

⅄ Harvey, David (2005): Der neue Imperialismus. Hamburg: VSA.

⅄ Abbildung 1: http://wildtreemeals.files.wordpress.com/2012/07/food-companies.jpg